Impressum
Verlag: BABADADA GmbH, Nedderfeld 112 , 22529 Hamburg
Geschäftsführer / Verlagsleitung: Harald Hof
Druck: Books on Demand GmbH, In de Tarpen 42, 22848 Norderstedt

Imprint
Publisher: BABADADA GmbH, Nedderfeld 112 , 22529 Hamburg, Germany
Managing Director / Publishing direction: Harald Hof
Print: Books on Demand GmbH, In de Tarpen 42, 22848 Norderstedt

okul

escola

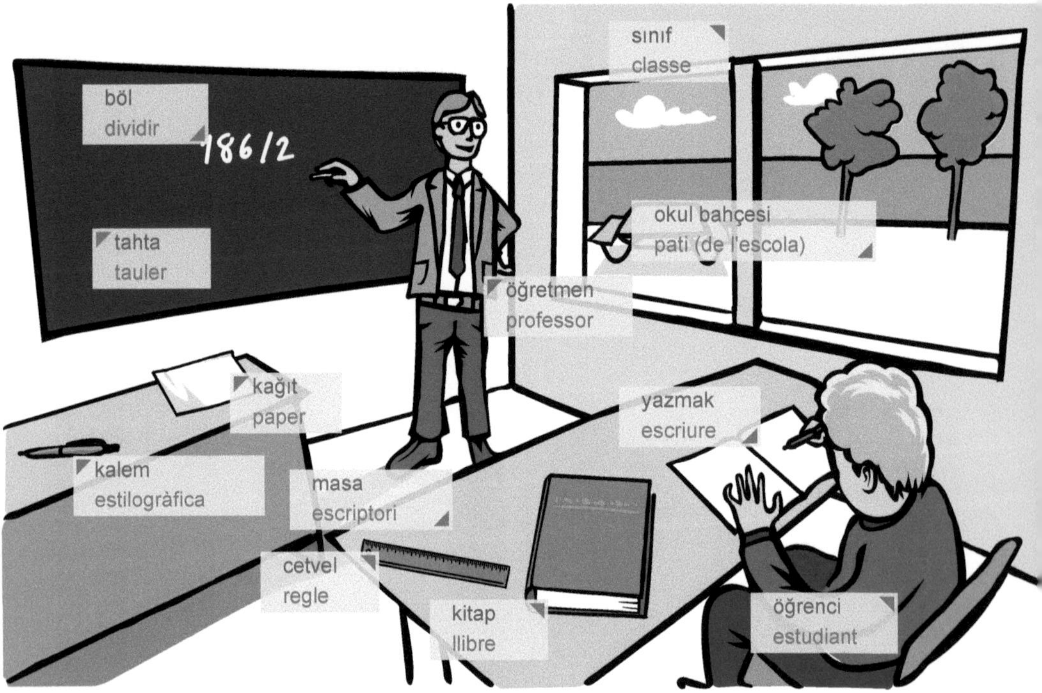

böl
dividir
186/2
sınıf
classe
tahta
tauler
okul bahçesi
pati (de l'escola)
öğretmen
professor
kağıt
paper
yazmak
escriure
kalem
estilogràfica
masa
escriptori
cetvel
regle
kitap
llibre
öğrenci
estudiant

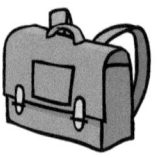

okul çantası

bossa

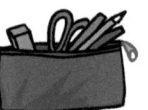

kalemlik

estoig

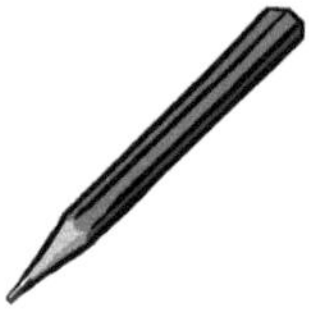

kurşun kalem

llapis

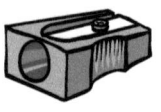

kalem açacağı

maquineta de fer punta

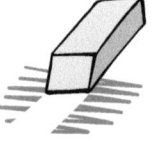

silgi

goma

çizim defteri

bloc de dibuix

çizim
dibuix

resim fırçası
pinzell

boya kutusu
capsa de pintures

makas
tisores

tutkal
cola

alıştırma kitabı
quadern d'exercicis

ödev
deures

12

sayı
nombre

2+2

ekle
afegir

5−2

çıkar
sostreure

2×2

çarp
multiplicar

hesapla
calcular

A

harf
lletra

**ABCDEFG
HIJKLMN
OPQRSTU
VWXYZ**

alfabe
alfabet

hello

kelime
mot

metin

text

okumak

llegir

tebeşir

guix

ders

lliçó

kayıt

llibre de classe

sınav

examen

sertifika

certificat

okul forması

uniforme escolar

eğitim

formació

ansiklopedi

enciclopèdia

üniversite

universitat

mikroskop

microscopi

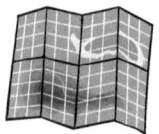

harita

mapa

kağıt çöp kutusu

paperera

seyahat
viatge

Grand
otel
hotel
pansiyon
alberg
ROOMS
döviz bürosu
oficina de canvi
CHANGE
bavul
maleta
otomobil
automòbil

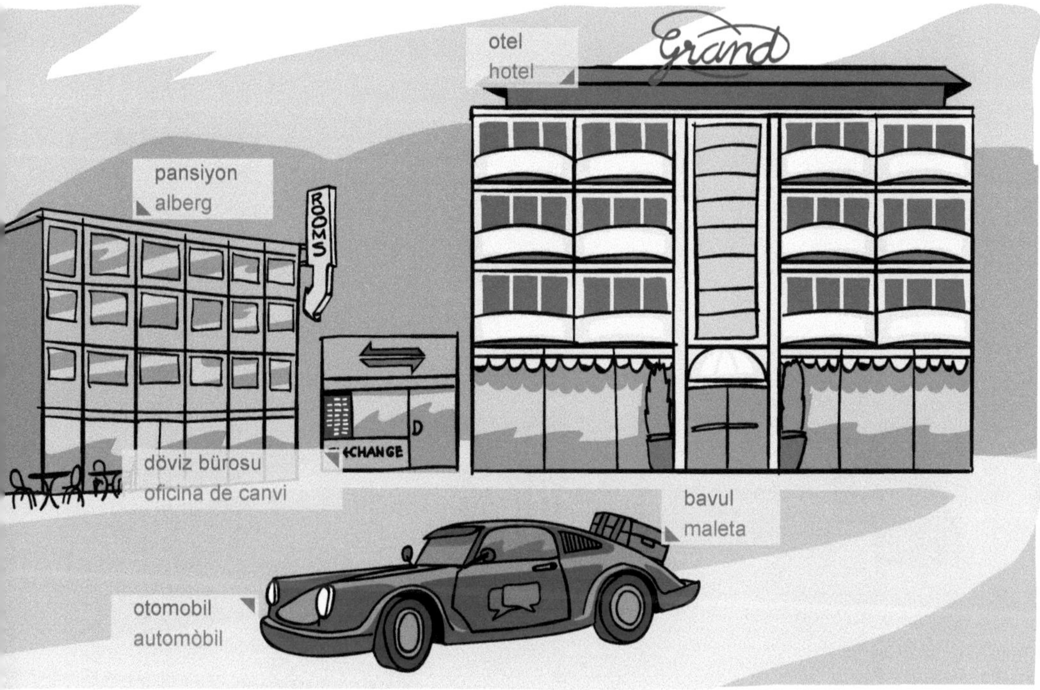

dil
llengua

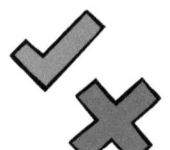

evet / hayır
sí / no

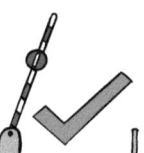

Tamam
D'acord

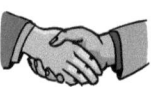

merhaba
Ey!

çevirmen
traductora

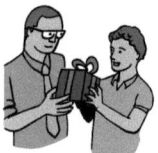

Teşekkür ederim
gràcies

bu ... ne kadar?

Quant costa... ?

anlamadım

No entenc

problem

problema

İyi akşamlar!

Bona nit!

Günaydın!

bon dia!

İyi geceler!

bona nit!

güle güle

fins aviat

yön

direcció

bagaj

bagatge

çanta

bossa

sırt çantası

sarrona

misafir

convidat

oda

cambra

uyku tulumu

sac de dormir

çadır

tenda

turist danışma

oficina de turisme

sahil

platja

kredi kartı

carta de crèdit

kahvaltı

esmorzar

öğle yemeği

dinar

akşam yemeği

sopar

Bilet

bitllet

asansör

ascensor

pul

segell

sınır

frontera

gümrük

duana

elçilik

ambaixada

vize

visat

pasaport

passaport

ulaşım

transport

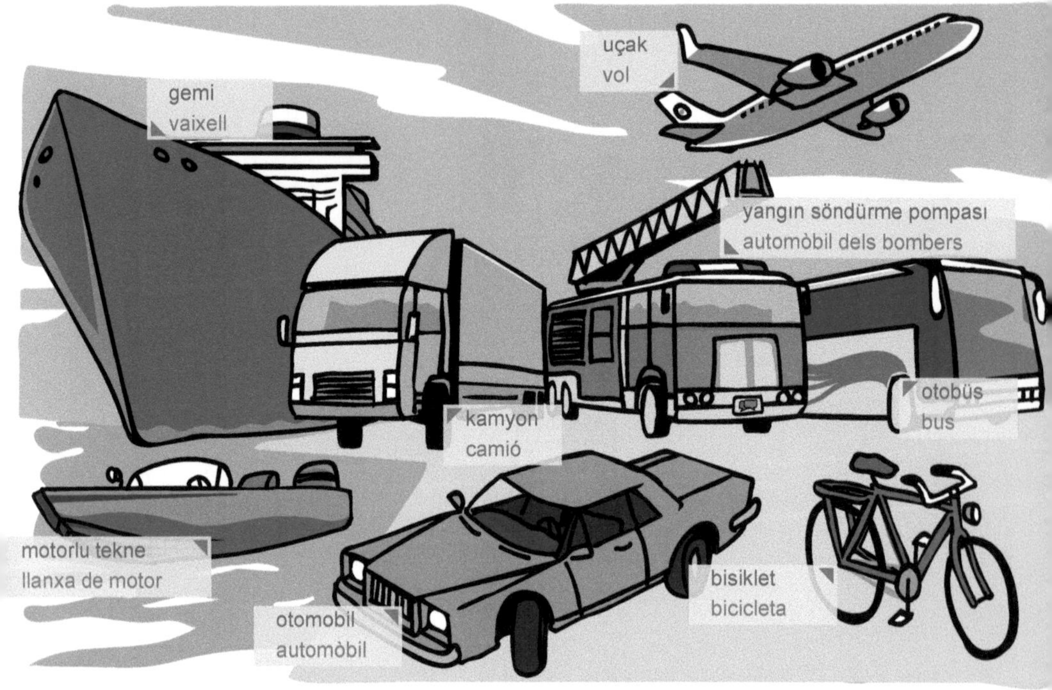

uçak
vol
gemi
vaixell
yangın söndürme pompası
automòbil dels bombers
kamyon
camió
otobüs
bus
motorlu tekne
llanxa de motor
bisiklet
bicicleta
otomobil
automòbil

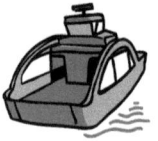

feribot

transbordador

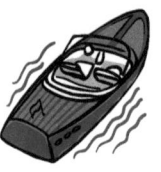

bot

barca

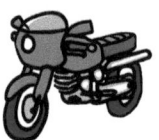

motosiklet

moto

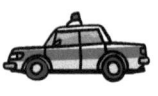

polis arabası

automòbil de policia

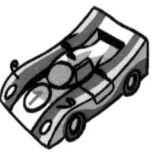

yarış arabası

automòbil de curses

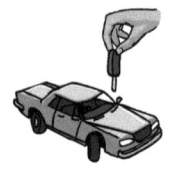

kiralık araba

automòbil de lloguer

ortak araba

vehicle compartit

çekici

grua

çöp kamyonu

camió de les escombraries

motor

motor

yakıt

benzina

benzinlik

benzineria

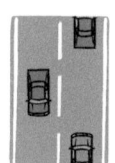

trafik işareti

senyal de trànsit

trafik

trànsit

trafik sıkışıklığı

embús

otopark

aparcament

tren istasyonu

estació de trens

ray

vies

tren

tren

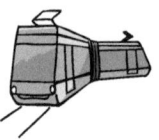

tramvay

tramvia

vagon

vagó

helikopter

helicòpter

havaalanı

aeroport

kule

torre

yolcu

passatger

konteyner

contenidor

koli

capsa de cartó

yük arabası

carretó

sepet

cistella

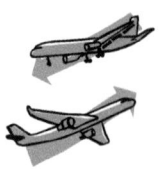

kalkış / iniş

enlairar-se / aterrar

şehir

ciutat

köy

poble

şehir merkezi

centre de la ciutat

ev

casa

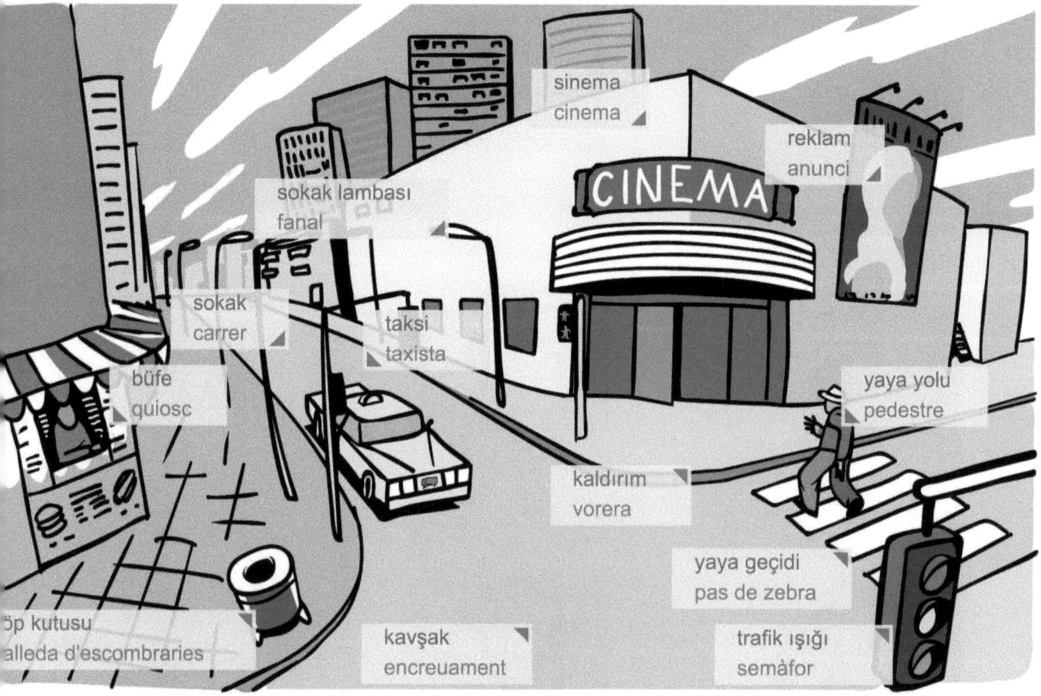

sinema
cinema

reklam
anunci

sokak lambası
fanal

sokak
carrer

taksi
taxista

büfe
quiosc

yaya yolu
pedestre

kaldırım
vorera

yaya geçidi
pas de zebra

öp kutusu
alleda d'escombraries

kavşak
encreuament

trafik ışığı
semàfor

CINEMA

kulübe
cabana

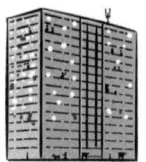

apartman dairesi
apartament

tren istasyonu
estació de trens

belediye binası
casa de la vila-ciutat

müze
museu

okul
escola

üniversite
universitat

banka
banca

hastane
hospital

otel
hotel

eczane
farmàcia

ofis
oficina

kitapçı
llibreria

mağaza
botiga

çiçekçi
floristeria

süpermarket
supermercat

market
mercat

büyük mağaza
gran magatzem

balık satıcısı
peixateria

alışveriş merkezi
centre comercial

liman
port

park
parc

bank
banc

köprü
pont

merdiven
escala

metro
metro

tünel
túnel

otobüs durağı
parada d'autobús

bar
bar

restoran
restaurant

posta kutusu
bústia de correu

sokak tabelası
senyal indicador

otopark sayacı
parquímetre

hayvanat bahçesi
zoo

yüzme havuzu
piscina

cami
mesquita

çiftlik
granja

kirlilik
pol·lució

mezarlık
cementiri

kilise
església

oyun alanı
parc infantil

tapınak
temple

arazi
paisatge

yaprak
fulla

yön tabelası
cartell indicador

yol
camí

çayır
prat

taş
pedra

yürüyüşçü
excursionista

ağaç
arbre

ırmak
riu

çimen
gespa

çiçek
flor

vadi

vall

tepe

muntanya

göl

llac

orman

bosc

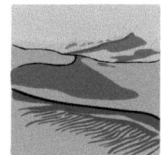

çöl

desert

volkan

volcà

kale

castell

gökkuşağı

arc de Sant Martí

mantar

bolet

palmiye

palmera

sivrisinek

moscard

sinek

mosca

karınca

formiga

arı

abella

örümcek

aranya

böcek

escarabat

kurbağa

granota

sincap

esquirol

kirpi

eriçó

yabani tavşan

llebre

baykuş

òliba

kuş

ocell

kuğu

cigne

yaban domuzu

senglar

geyik

cervo

geyik

ant

baraj

presa

rüzgar türbini

turbina

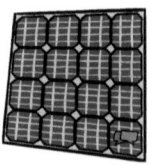

güneş paneli

panell solar

iklim

clima

restoran
restaurant

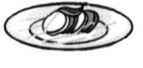

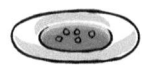

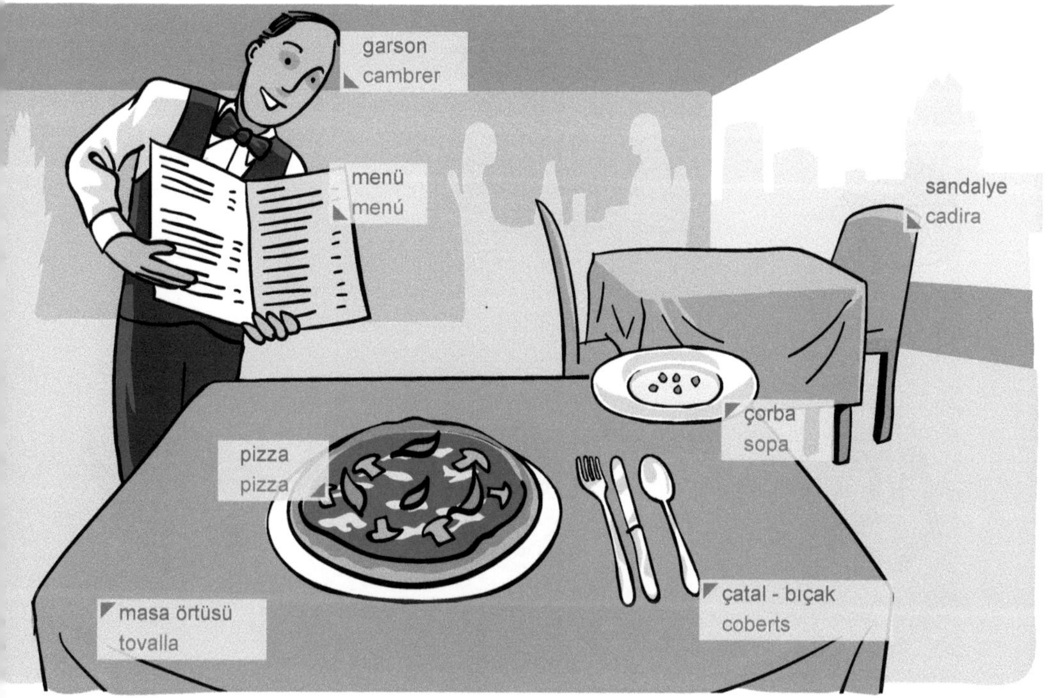

garson
cambrer
menü
menú
sandalye
cadira
çorba
sopa
pizza
pizza
masa örtüsü
tovalla
çatal - bıçak
coberts

başlangıç

primer plat

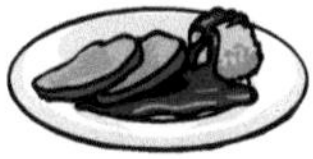

ana yemek

plat principal

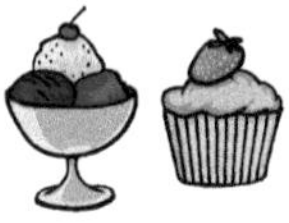

tatlı

darreries

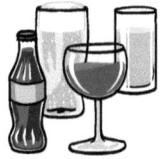

içecekler

begudes

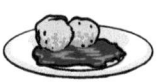

yemek

menjar

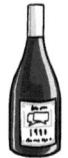

şişe

ampolla

fastfood

menjar ràpid

sokak yemeği

menjar de carrer

çaydanlık

tetera

şekerlik

sucrer

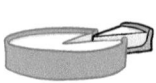

porsiyon

porció

espresso makinesi

màquina d'espresso

mama sandalyesi

trona

fatura

factura

tepsi

plata

bıçak

ganivet

çatal

forqueta

kaşık

cullera

çay kaşığı

cullereta

servis peçetesi

tovalló

bardak

got

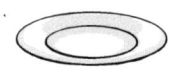

tabak
plat

çorba kasesi
plat de sopa

fincan altlığı
plateret

sos
salsa

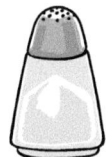

tuzluk
saler

karabiber değirmeni
molinet de pebre

sirke
vinagre

yağ
oli

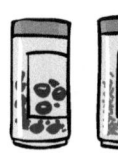

baharat
espècies

ketçap
quètxup

hardal
mostassa

mayonez
maionesa

süpermarket
supermercat

özel teklif
oferta especial
FOR
müşteri
client
süt ürünleri
productes lactis
meyve
fruites
alışveriş arabası
carret de la compra

BUTCHERS

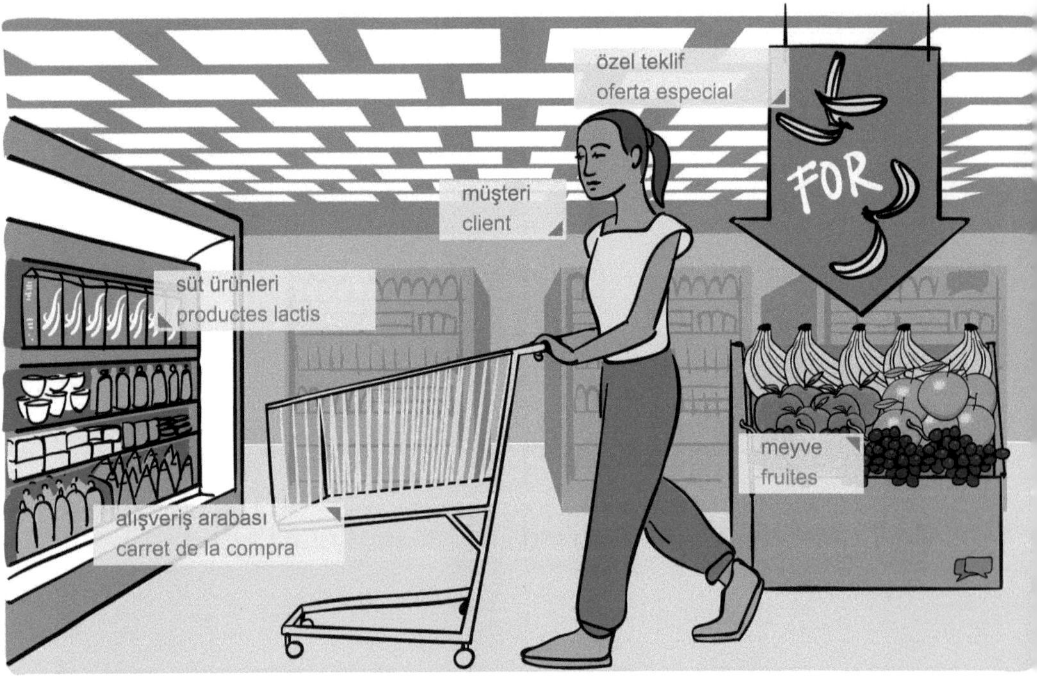

kasap
carnisseria

BAKERY

fırın
forn de pa

tartmak
pesar

sebze
verdures

et
carn

donmuş gıda
menjar congelat

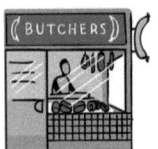

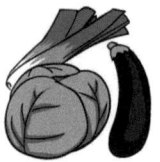

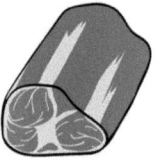

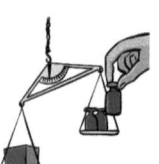

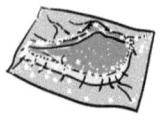

söğüş et

carn freda

konserve yiyecek

conserves

toz deterjan

detergent en pols

şekerlemeler

dolços

ev temizlik ürünleri

articles domèstics

temizlik ürünleri

productes de neteja

satış görevlisi

venedora

yazar kasa

caixa registradora

kasiyer

caixera

alışveriş listesi

llista de la compra

açılış saatleri

horari d'obertura

cüzdan

portamonedes

kredi kartı

carta de crèdit

çanta

bossa

plastik poşet

bossa de plàstic

su

aigua

meyve suyu

suc

süt

llet

kola

coca-cola

şarap

vi

bira

cervesa

alkol

alcohol

kakao

cacau

çay

te

kahve

cafè

espresso

espresso

kapuçino

cappuccino

muz

banana

elma

poma

portakal

taronja

kavun

síndria

limon

llimona

havuç

pastanaga

sarımsak

all

bambu

bambú

soğan

ceba

mantar

bolet

çerez

avellanes

makarna

fideus

spagetti

espaguetis

pirinç

arròs

salata

amanida

cips

patates fregides

patates kızartması

patates fregides

pizza

pizza

hamburger

hamburguesa

sandviç

entrepà

şinitzel

escalopa

pastırma

cuixot

salam

salami

sosis

salsitxa

tavuk

pollastre

rosto

rostit

balık

peix

yemek - menjar

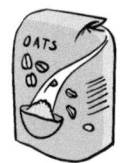

yulaf ezmesi

flocs de civada

müsli

musli

mısır gevreği

cereals

un

farina

kruvasan

croissant

küçük ekmek

panet

ekmek

pa

tost

torrada

bisküvi

bescuits

tereyağı

mantega

kaymak

mató

kek

pastís

yumurta

ou

sahanda yumurta

ou fregit

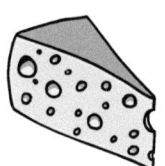

peynir

formatge

dondurma

gelat

şeker

sucre

bal

mel

reçel

melmelada

fındık ezmesi

crema de xocolata

köri

curri

çiftlik
granja

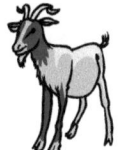

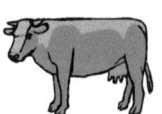

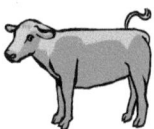

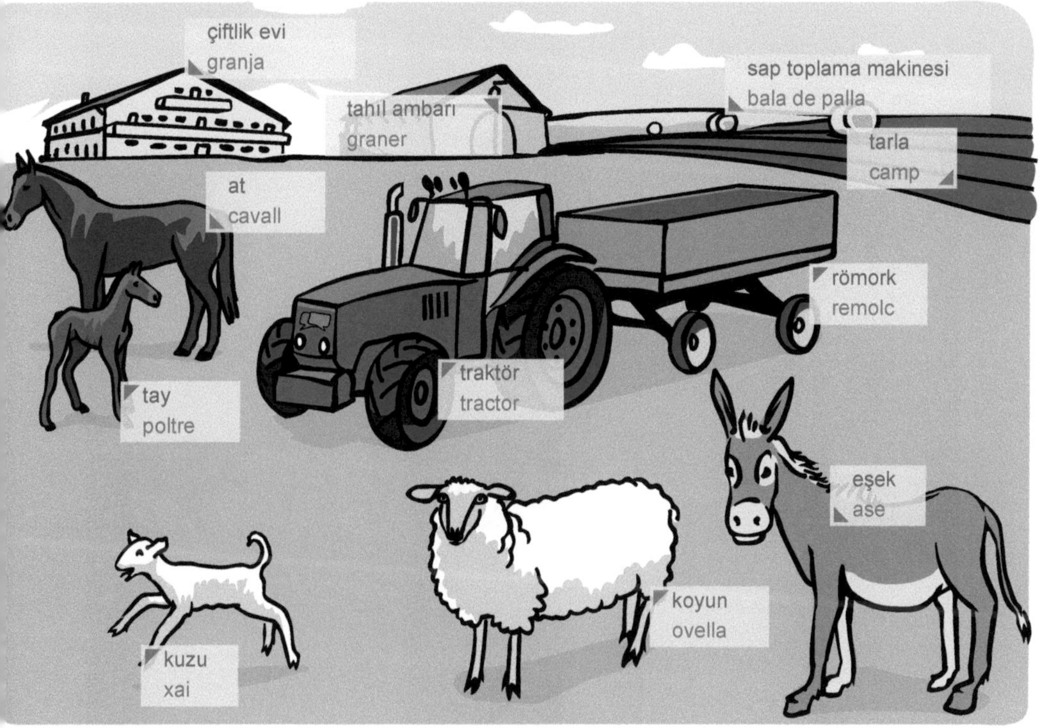

çiftlik evi
granja
tahıl ambarı
graner
sap toplama makinesi
bala de palla
tarla
camp
at
cavall
römork
remolc
traktör
tractor
tay
poltre
eşek
ase
koyun
ovella
kuzu
xai

keçi

cabra

inek

vaca

buzağı

vedella

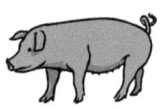

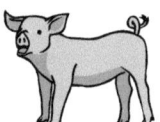

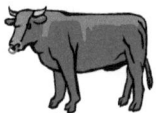

domuz

porc

domuz yavrusu

garrí

boğa

bou

kaz

oca

ördek

ànec

civciv

poll

tavuk

gall

horoz

gallina

sıçan

rata

kedi

gat

fare

ratolí

öküz

bou

köpek

gos

köpek kulübesi

gossera

bahçe hortumu

mànega de regar

sulama kabı

regadora

tırpan

dalla

pulluk

arada

orak
falç

çapa
aixada

dirgen
forca

balta
destral

el arabası
carretó

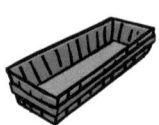

yemlik
abeurador

süt kovası
lletera

çuval
sac

çit
tanca

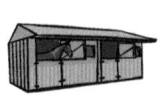

ahır
establa

sera
hivernacle

toprak
sòl

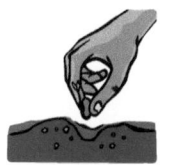

tohum
llavor

gübre
adob

biçerdöver
collidora

hasat etmek

collir

harman

collita

tatlı patates

nyam

buğday

blat

soya

soja

patates

patata

mısır

blat de moro o d'indi

kolza

colza

meyve ağacı

arbre fruiter

manyok

mandioca

hububat

cereals

baca
fumera

çatı
teulada

yağmur oluğu
canaló

pencere
finestra

garaj
garatge

kapı zili
campana

kapı
porta

çöp kutusu
galleda de les escombraries

posta kutusu
bústia de correu

bahçe
jardí

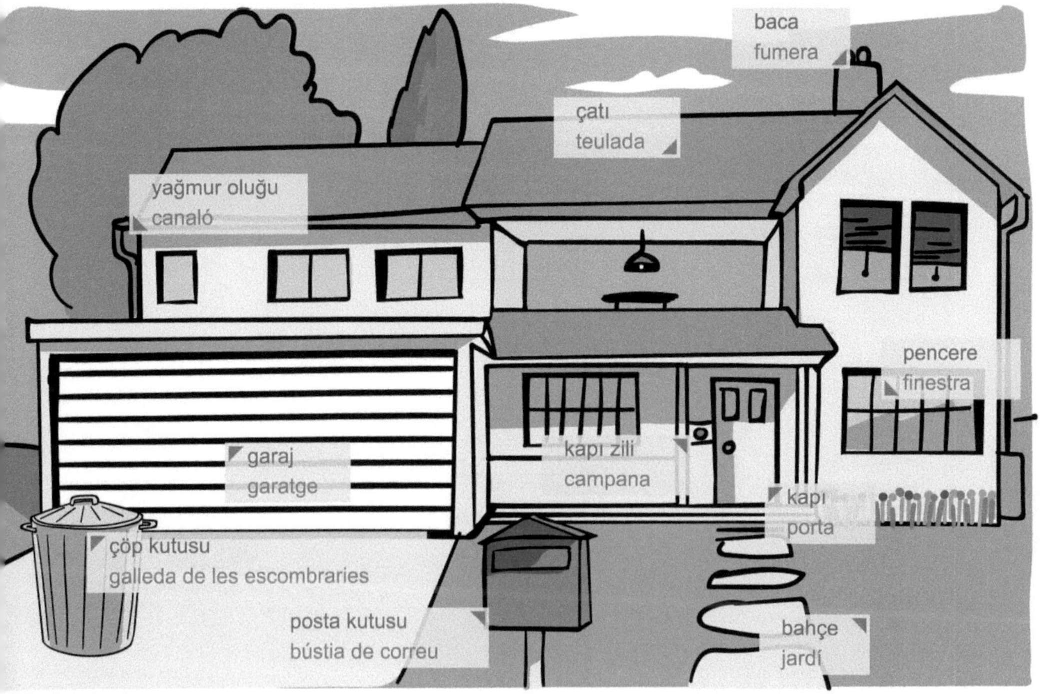

oturma odası

sala d'estar

banyo

bany

mutfak

cuina

yatak odası

cambra de dormir

çocuk odası

cambra de nen

yemek odası

menjador

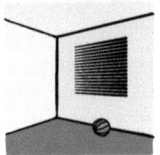

zemin
....
sòl

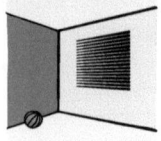

duvar
....
paret

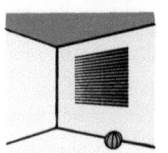

tavan
....
sostre

kiler
....
soterrani

sauna
....
sauna

balkon
....
balcó

teras
....
terrassa

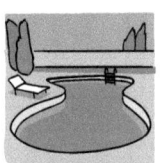

havuz
....
piscina

çim biçme makinesi
....
tallagespa

çarşaf
....
vànova

yatak örtüsü
....
cobrellit

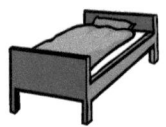

yatak
....
llit

süpürge
....
escombra

kova
....
galleda

anahtar
....
interruptor

oturma odası

sala d'estar

duvar kağıdı
paper de paret
resim
quadre
lamba
làmpada
raf
prestatge
dolap
armari
televizyon
televisor
şömine
escalfapanxes
çiçek
flor
minder
coixí
kanepe
sofà
vazo
gerro
uzaktan kumanda
telecomanda

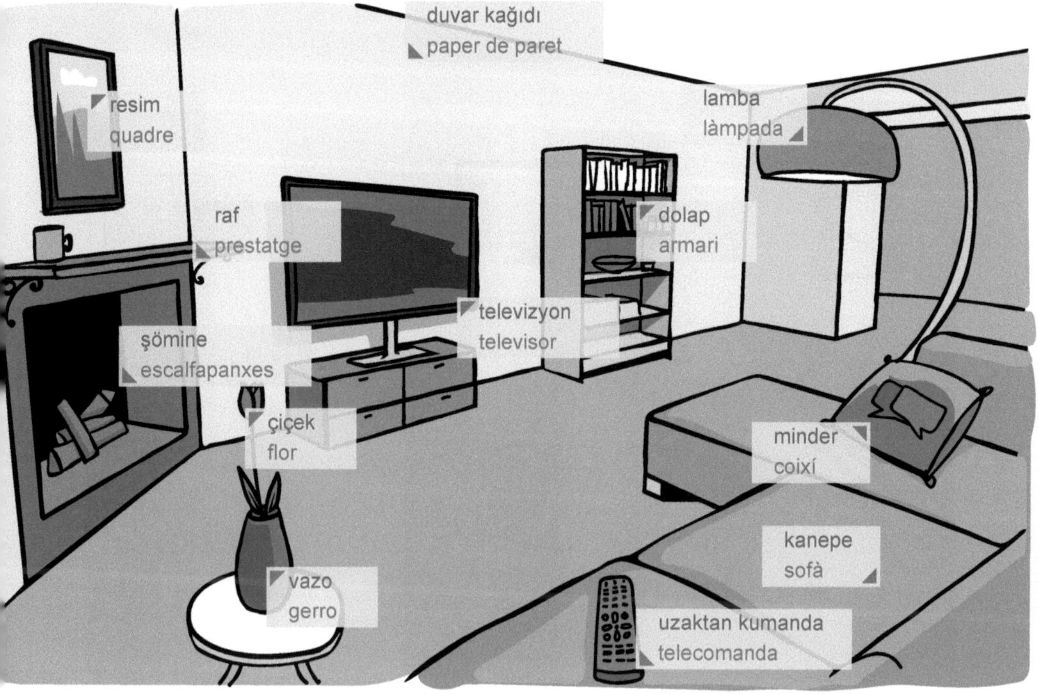

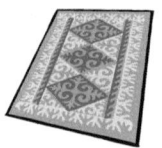

halı

catifa

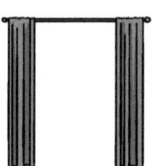

perde

cortina

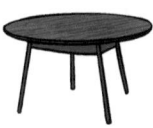

masa

taula

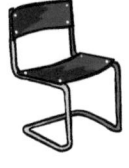

sandalye

cadira

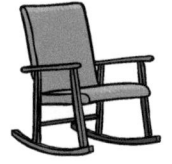

salıncaklı koltuk

cadira gronxadora

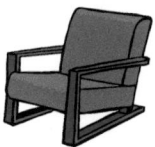

koltuk

cadiral

kitap

llibre

battaniye

llençol

dekor

decoració

odun

llenya

film

film

hi-fi

cadena de música

anahtar

clau

gazete

diari

tablo

pintura

poster

cartell

radyo

ràdio

defter

bloc de notes

elektrikli süpürge

aspiradora

kaktüs

cactus

mum

candela

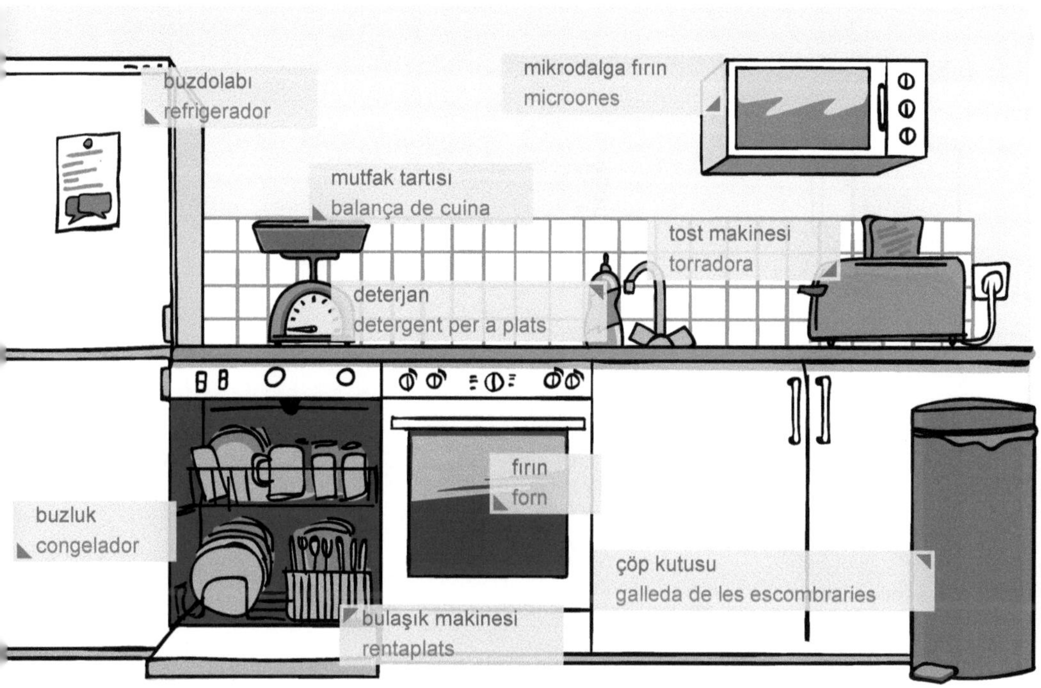

buzdolabı
refrigerador

mikrodalga fırın
microones

mutfak tartısı
balança de cuina

tost makinesi
torradora

deterjan
detergent per a plats

fırın
forn

buzluk
congelador

çöp kutusu
galleda de les escombraries

bulaşık makinesi
rentaplats

ocak
cuina de fogons

tencere
olla

döküm tencere
olla de ferro colat

wok
wok / karahi

tava
paella

su ısıtıcı
bullidor

buharlı pişirici

olla de vapor

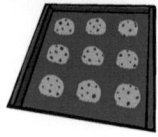

pişirme tepsisi

plata de forn

tabak takımı

vaixella

kupa

tassa grossa

kase

bol

çubuk (çin yemeği)

bastonets xinesos

kepçe

culler

spatula

espàtula

çırpma teli

batedor

süzgeç

colador

elek

sedàs

rende

ratllador

havan

morter

barbekü

barbacoa

açık ateş

foc a terra

kesme tahtası

taula de tallar

merdane

corró

tirbüşon

llevataps

konserve kutusu

pot de conserva

konserve açacağı

obridor

fırın eldiveni

agafador

evye

aigüera

fırça

raspall

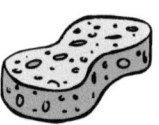

sünger

esponja

blender

batedora

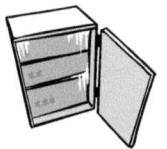

derin dondurucu

congelador

biberon

biberó

musluk

aixeta

banyo

bany

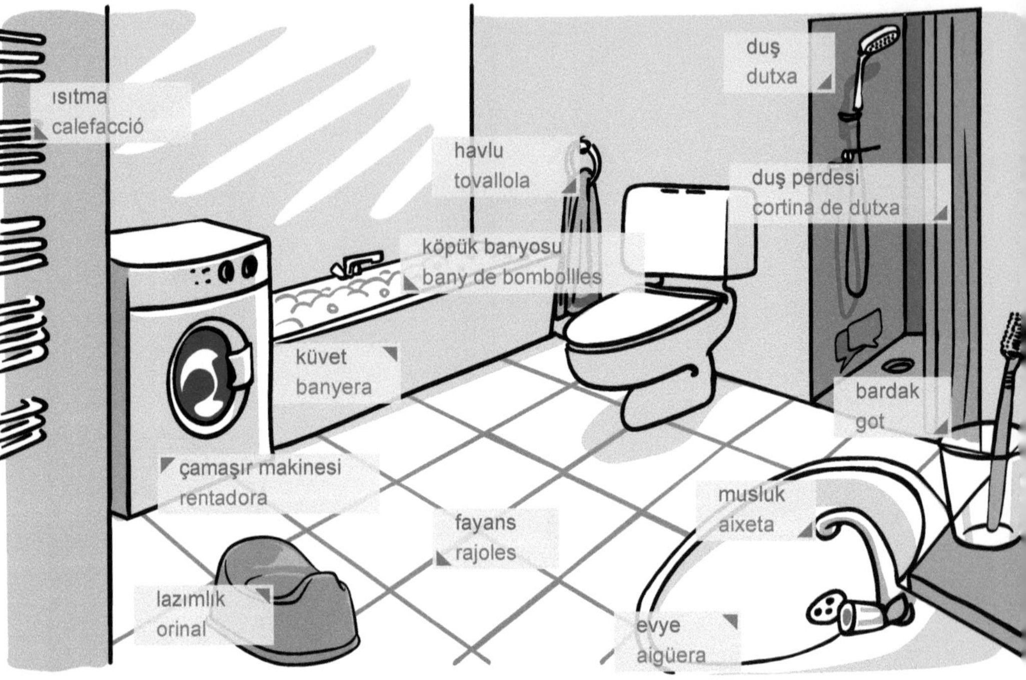

ısıtma
calefacció
havlu
tovallola
duş
dutxa
duş perdesi
cortina de dutxa
köpük banyosu
bany de bombolles
küvet
banyera
bardak
got
çamaşır makinesi
rentadora
musluk
aixeta
fayans
rajoles
lazımlık
orinal
evye
aigüera

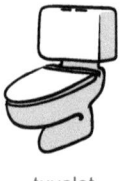

tuvalet

lavabo

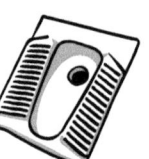

alaturka tuvalet

lavabo turc

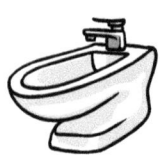

bide

bidet

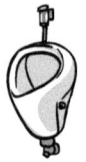

pisuvar

orinador

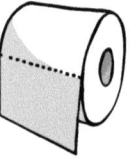

tuvalet kağıdı

paper higiènic

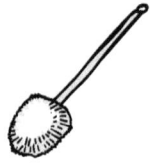

tuvalet fırçası

escombreta de sanitari

diş fırçası

raspall de dents

diş macunu

pasta de dents

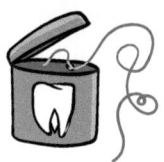

diş ipi

fil dental

yıkamak

rentar

duş başlığı

pom de dutxa

duş başlığı şeklinde taharet musluğu

dutxa íntima

küvet

rentamans

banyo fırçası

raspall per a l'esquena

sabun

sabó

duş jeli

gel de dutxa

şampuan

xampú

banyo lifi

manyopla de bany

gider

bonera

krem

crema

deodorant

desodorant

ayna

mirall

el aynası

mirall-espill de mà

jilet

maquineta de rasar

tıraş köpüğü

espuma de barbejar

tıraş losyonu

loció post-rasada

tarak

pinta

fırça

raspall

saç kurutma makinesi

eixugador

saç spreyi

laca

makyaj

maquillatge

ruj

pintallavis

tırnak cilası

esmalt d'ungles

pamuk

cotó

tırnak makası

tallaungles

parfüm

perfum

makyaj çantası

estoig de bellesa

tabure

tamboret

tartı

bàscula

bornoz

barnús

lastik eldiven

guants de goma

tampon

compresa higiènica

kadın pedi

compresa

kimyevi tuvalet

sanitari químic

çocuk odası
cambra de nen

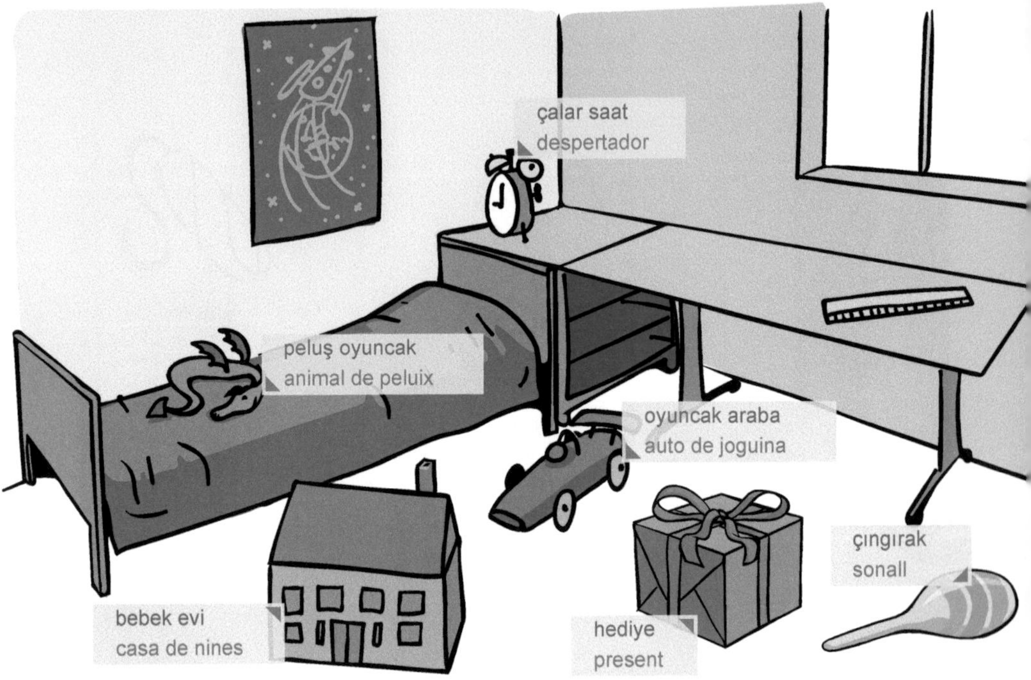

çalar saat
despertador
peluş oyuncak
animal de peluix
oyuncak araba
auto de joguina
çıngırak
sonall
bebek evi
casa de nines
hediye
present

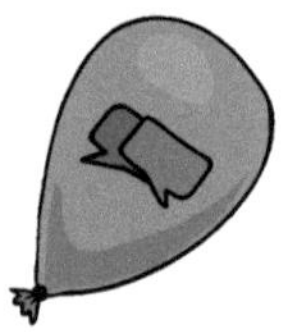

balon
balό

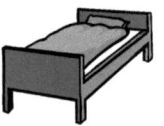

yatak
llit

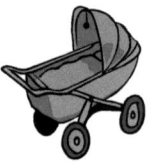

bebek arabası
cotxet per a nens

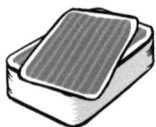

kart destesi
joc de cartes

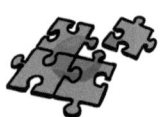

yapboz
trencaclosca

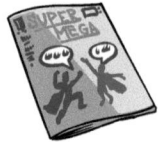

çizgi roman
historieta

lego tuğlaları

peces de lego

lego blokları

peces de construcció

aksiyon figürü

ninot d'acció

zıbın

granota

frizbi

frisbee

dönence

mòbil per a bressol

masa oyunu

joc de taula

zar

daus

model tren seti

tren elèctric

emzik

xumet

parti

festa

resimli kitap

llibre de dibuixos

top

pilota

oyuncak bebek

nina

oynamak

jugar

kum havuzu

sorrera

salıncak

gronxador

oyuncaklar

joguines

video oyun konsolu

consola de jocs de vídeo

üç tekerlekli bisiklet

tricicle

oyuncak ayı

osset de peluix

gardırop

armari

kıyafet

roba

çorap

mitjons

külotlu çorap

mitges

tayt

mitja pantaló

eşarp
tapacoll

şemsiye
paraigua

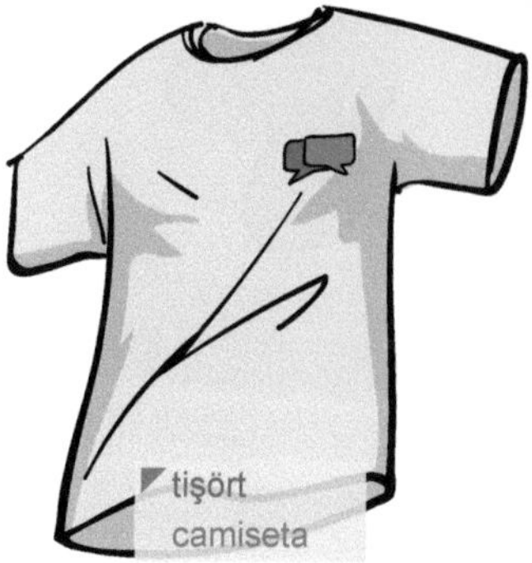

tişört
camiseta

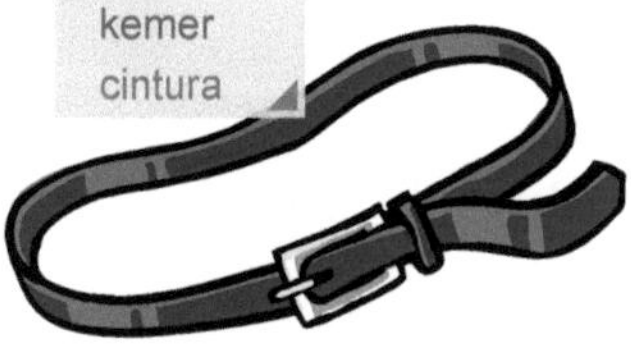

kemer
cintura

bot
botes

terlik
plantofes

spor ayakkabı
sabates d'esport

sandalet
···············
sandàlies

ayakkabı
···············
sabates

lastik çizme
···············
botes de goma

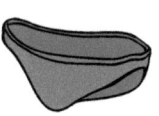

külot
···············
calçonets

sütyen
···············
sostenidor

yelek
···············
guardapits

dar bluz

jjustacòs

pantolon

pantalons

kot pantolon

jeans

etek

faldeta

bluz

brusa

gömlek

camisa

kazak

jersei

süveter

dessuadora

blazer

blazer

ceket

jaqueta

mont

mantell

yağmurluk

impermeable

kostüm

vestit de dona

elbise

vestit de dona

gelinlik

vestit de núvia

takım elbise

vestit d'home

gecelik

camisa de dormir

pijama

pijama

sari

sari

baş örtüsü

mocador de cap

türban

turbant

burka

burca

kaftan

caftan

çarşaf

abaia

mayo

vestit de bany

erkek mayosu

calçon(et)s de bany

şort

pantalons curts

eşofman

xandall

önlük

davantal

eldiven

guants

düğme

botó

gözlük

ulleres

bilezik

braçalet

kolye

collaret

yüzük

anell

küpe

orellera

kep

casquet

portmanto

penjador

şapka

capell

kravat

corbata

fermuar

cremallera

kask

casc

pantolon askısı

elàstics

okul forması

uniforme escolar

üniforma

uniforme

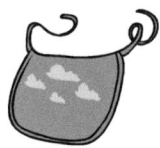

mama önlüğü

pitet

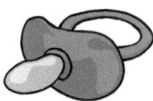

emzik

xumet

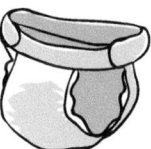

bebek bezi

bolquer

ofis

oficina

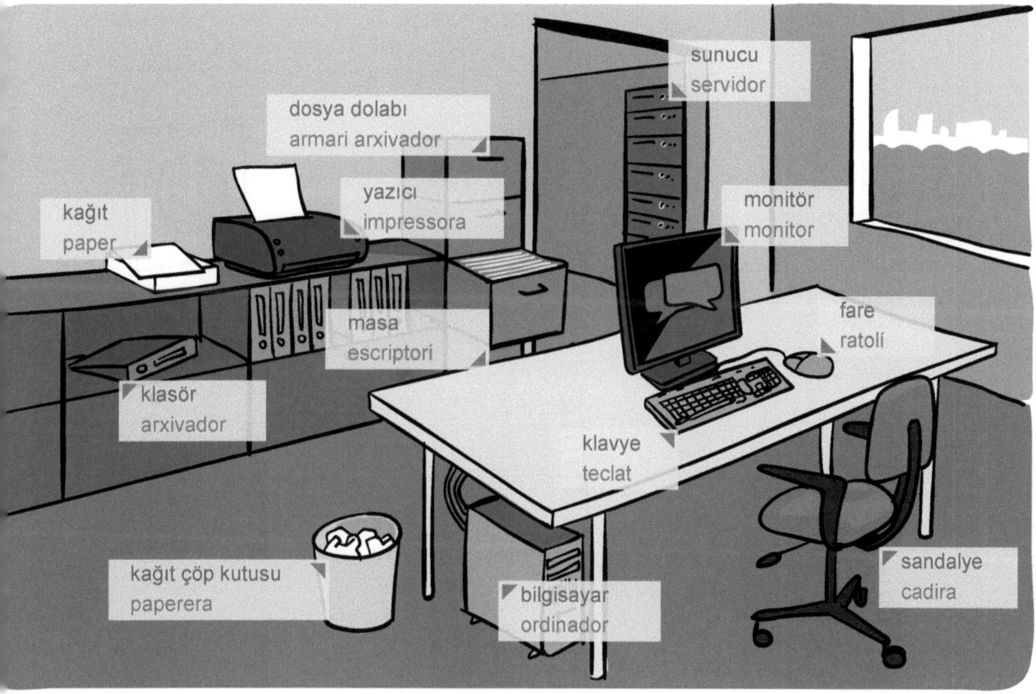

sunucu
servidor
dosya dolabı
armari arxivador
yazıcı
impressora
kağıt
paper
monitör
monitor
fare
ratolí
masa
escriptori
klasör
arxivador
klavye
teclat
kağıt çöp kutusu
paperera
bilgisayar
ordinador
sandalye
cadira

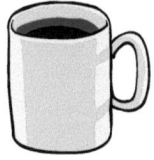

kahve fincanı

tassa de cafè

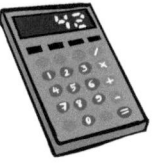

hesap makinesi

calculadora

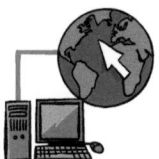

internet

Internet

dizüstü

ordinador portàtil

mektup

lletra

mesaj

missatge

cep telefonu

mòbil

ağ

xarxa

fotokopi makinesi

fotocopiadora

yazılım

programari

telefon

telèfon

priz

presa de corrent

faks makinesi

fax

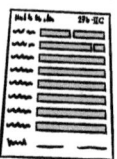

form

formulari

belge

document

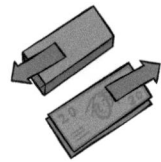

satın almak

comprar

ödemek

pagar

ticaret yapmak

comerciar

para

diners

dolar

dòlar

avro

euro

yen

ien

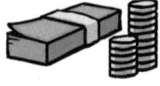

ruble

ruble

İsviçre frangı

franc suís

Çin yuanı

renminbi

rupi

rupia

kasa

caixa automàtica

döviz bürosu

oficina de canvi

altın

or

gümüş

argent

petrol

petroli

enerji

energia

fiyat

preu

kontrat

contracte

vergi

impost

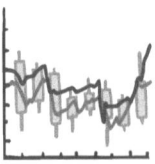

menkul değer

acció

çalışmak

treballar

işveren

treballador

işçi

empresari

fabrika

fàbrica

mağaza

botiga

ekonomi - economia

meslekler
oficis

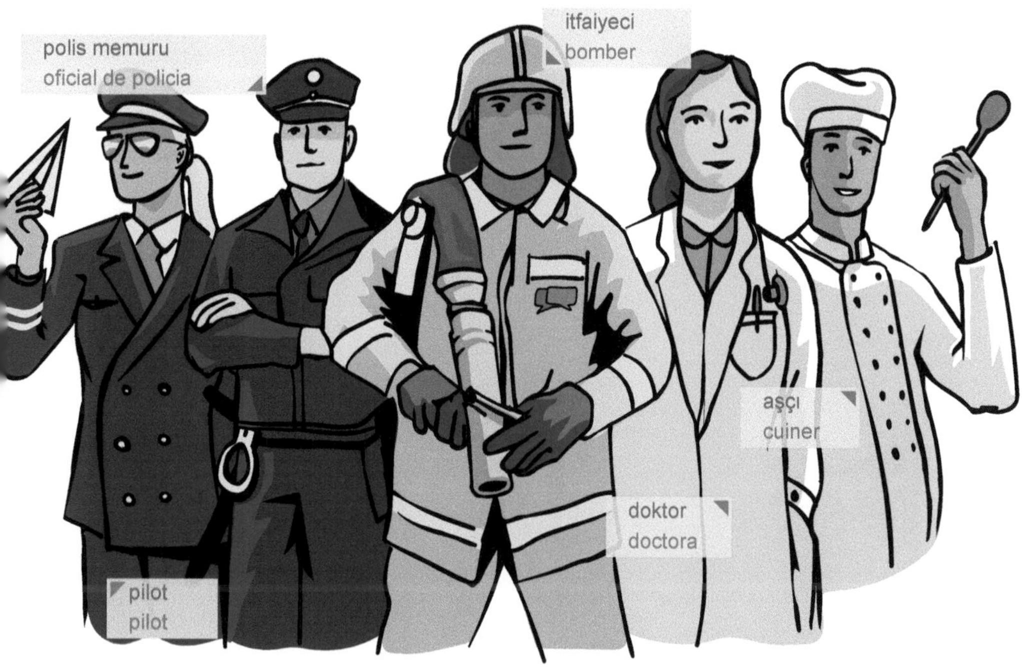
polis memuru
oficial de policia
itfaiyeci
bomber
aşçı
cuiner
doktor
doctora
pilot
pilot

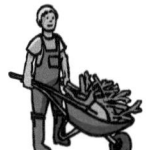

bahçıvan

jardiner

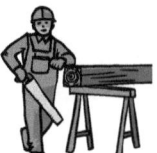

marangoz

fuster

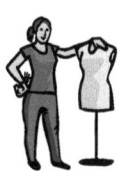

terzi

costurera

hakim

jutge

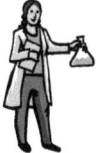

kimyager

química

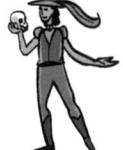

aktör

actor

otobüs şoförü

conductor d'autobús

taksi şoförü

taxista

balıkçı

pescador

temizlikçi

dona de la neteja

çatı ustası

ensostrador

garson

cambrer

avcı

caçador

boyacı

pintor

fırıncı

forner

elektrikçi

electricista

inşaatçı

obrer de la construcció

mühendis

enginyer

kasap

carnisser

muslukçu

llanterner

postacı

correu

asker
soldat

mimar
arquitecte

kasiyer
caixera

çiçekçi
florista

kuaför
perruquer

kondüktör
revisor

tamirci
mecànic

kaptan
capità

dişçi
dentista

bilim insanı
científic

haham
rabí

imam
imam

keşiş
monjo

rahip
capellà

aletler

eines

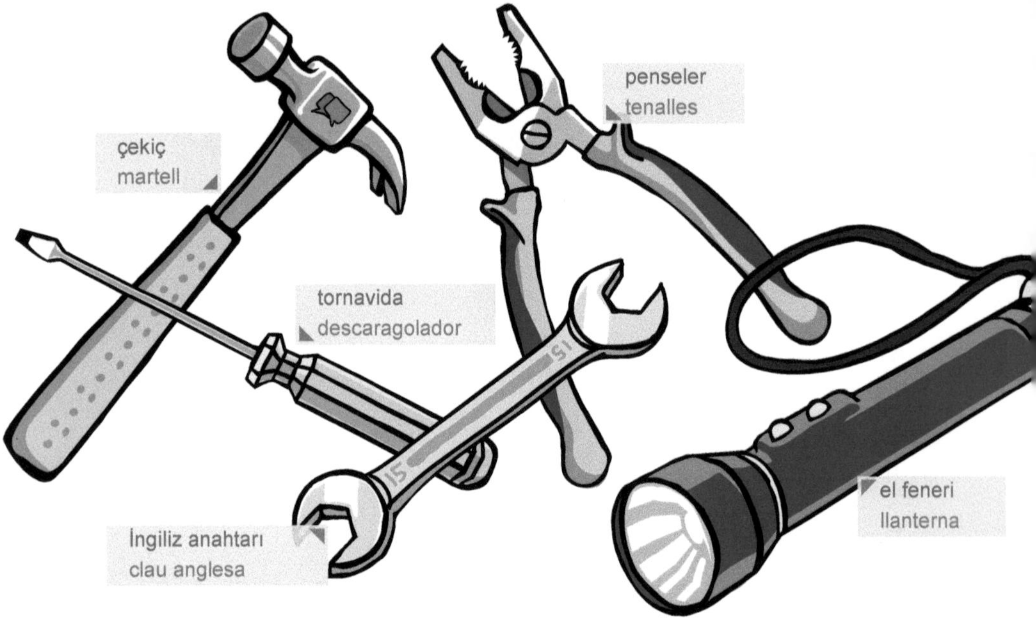

penseler
tenalles
çekiç
martell
tornavida
descaragolador
İngiliz anahtarı
clau anglesa
el feneri
llanterna

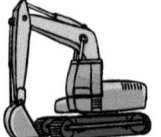

kazı makinesi

excavadora

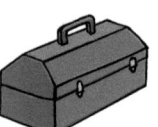

alet çantası

caixa d'eines

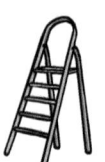

merdiven

escala

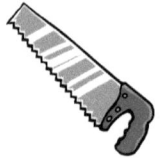

testere

serra

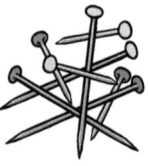

çiviler

claus

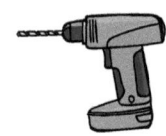

matkap

trepant

tamir etmek
....
reparar

kürek
....
pala

Kahretsin!
....
Maleït siga!

faraş
....
pala

boya tenekesi
....
pot de pintura

vidalar
....
caragols

müzik enstrümanı
instrument de música

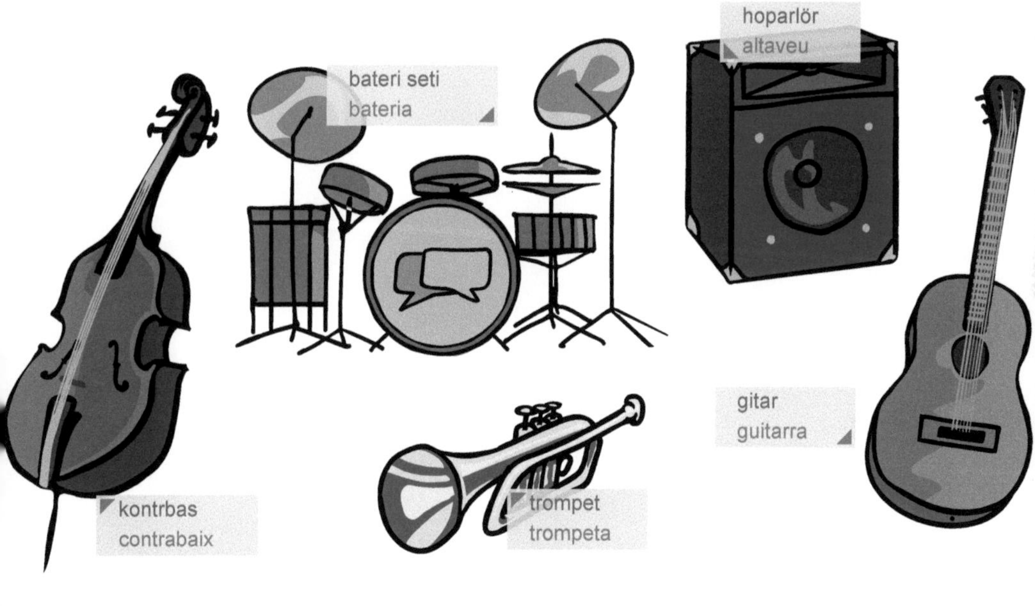

hoparlör
altaveu

bateri seti
bateria

kontrbas
contrabaix

trompet
trompeta

gitar
guitarra

piyano

piano

keman

violí

basgitar

baix

timpani

timbal

bateri

tambor

klavye

teclat

saksafon

saxofon

flüt

flauta

mikrofon

micròfon

hayvanat bahçesi

zoo

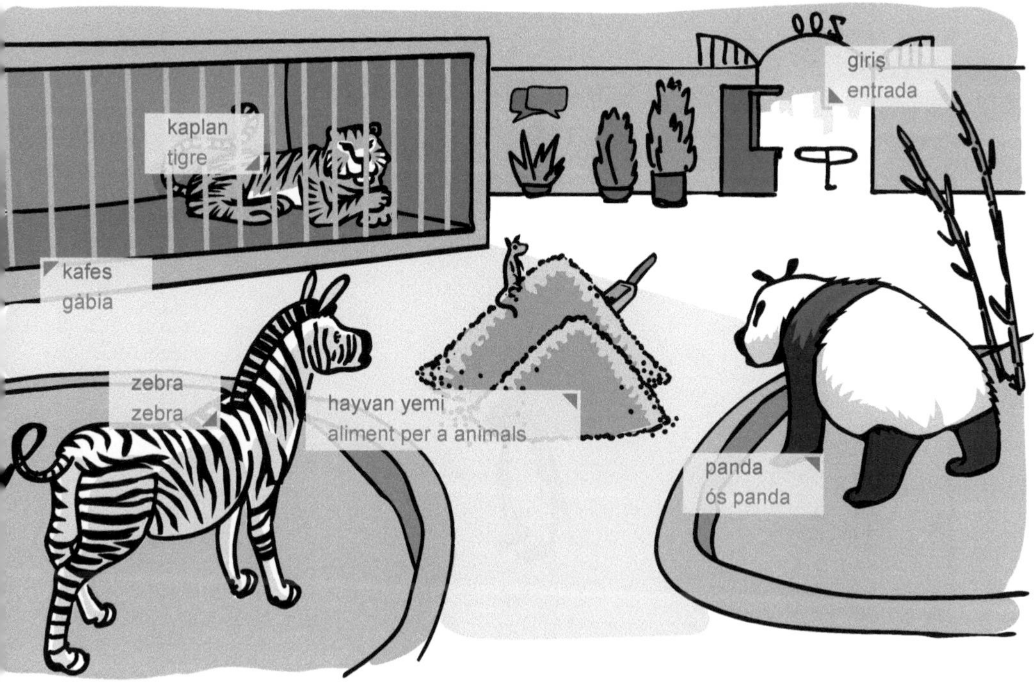
giriş
entrada
kaplan
tigre
kafes
gàbia
zebra
zebra
hayvan yemi
aliment per a animals
panda
ós panda

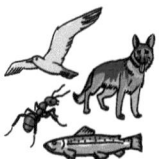

hayvanlar

animals

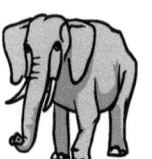

fil

elefant

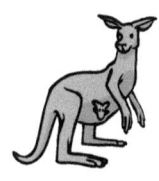

kanguru

cangurú

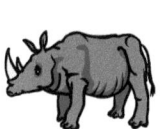

gergedan

rinoceront

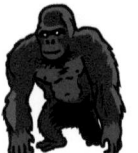

goril

goril·la

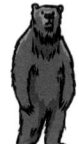

ayı

ós

deve

camell

deve kuşu

estruç

aslan

lleó

maymun

simi

flamingo

flamenc

papağan

papagai

kutup ayısı

ós polar

penguen

pingüí

köpek balığı

ca mari

tavus kuşu

paó

yılan

serp

timsah

cocodril

hayvanat bahçesi görevlisi

guardià del zoo

fok

foca

jaguar

jaguar

midilli atı

poni

leopar

lleopard

su aygırı

hipopòtam

zürafa

girafa

kartal

àliga

yaban domuzu

senglar

balık

peix

kaplumbağa

tortuga

mors

morsa

tilki

guineu

ceylan

gasela

amerikan futbolu
futbol americà

bisiklete binme
ciclisme

tenis
tenis

basketbol
bàsquet

yüzme
natació

buz hokeyi
hoquei sobre gel

boks
boxa

futbol
futbol americà

badminton
bàdminton

atletizm
atletisme

hentbol
handbol

kayak
esquí

polo
polo

etkinlikler
activitats

gülmek
riure
atlamak
saltar
sarılmak
abraçar
yürümek
anar
söylemek
cantar
hayal etmek
somiar
dua etmek
pregar
öpmek
fer un petó

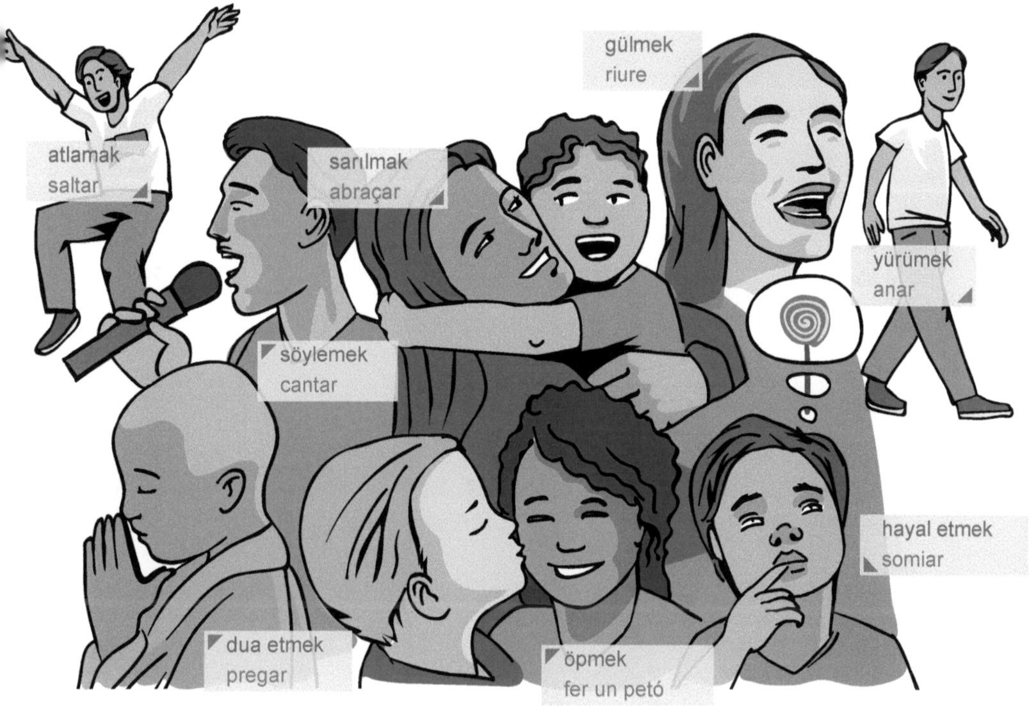

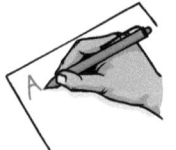

yazmak
escriure

çizmek
dibuixar

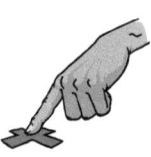

göstermek
mostrar

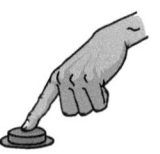

itmek
pitjar

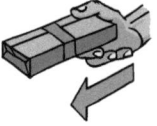

vermek
donar

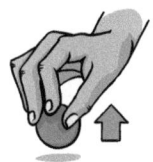

almak
prendre

sahip olmak

tenir

yapmak

fer

olmak

ésser

ayakta durmak

estar dret

koşmak

córrer

çekmek

estirar

atmak

llançar

düşmek

caure

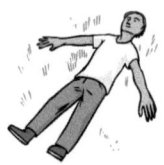

yalan söylemek

jeure

beklemek

esperar

taşımak

portar

oturmak

asseure's

giyinmek

vestir-se

uyumak

dormir

uyanmak

despertar-se

bakmak
mirar

ağlamak
plorar

vurmak
amoixar

taramak
pentinar

konuşmak
parlar

anlamak
comprendre

sormak
demanar

dinlemek
escoltar

içmek
beure

yemek
menjar

düzenlemek
endreçar

sevmek
estimar

pişirmek
cuinar

sürmek
conduir

uçmak
volar

denize açılmak

navegar

hesapla

calcular

okumak

llegir

öğrenmek

aprendre

çalışmak

treballar

evlenmek

casar-se

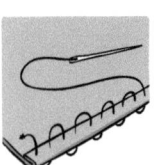

dikmek

cosir

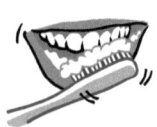

diş fırçalamak

raspallar-se les dents

öldürmek

matar

sigara içmek

fumar

yollamak

enviar

büyükanne
àvia

büyükbaba
avi

baba
pare

anne
mare

bebek
nadó

kız
filla

oğul
fill

misafir
convidat

teyze
tia

amca
oncle

erkek kardeş
germà

kız kardeş
germana

vücut

cos

alın
front
göz
ull
yüz
cara
çene
barbeta
göğüs
pit
parmak
dit
el
mà
kol
braç
omuz
espatlla
bacak
cama

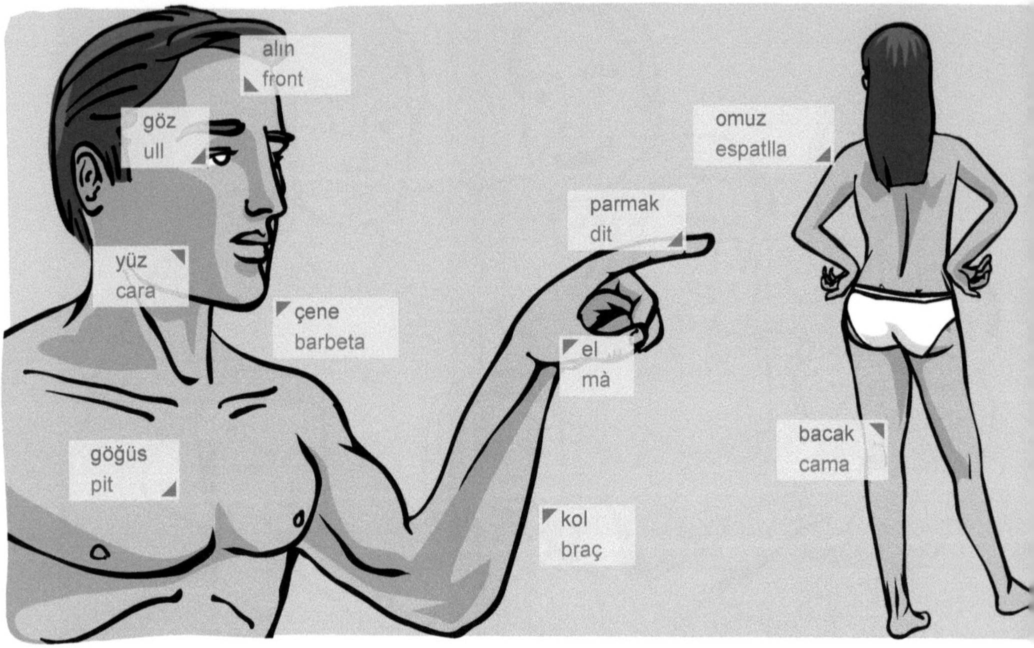

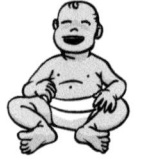

bebek

nadó

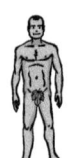

adam

home

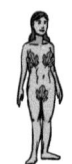

kadın

dona

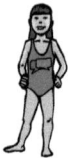

kız

noia

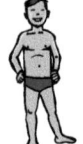

erkek çocuk

noi

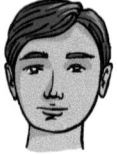

baş

cap

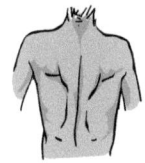

sırt

esquena

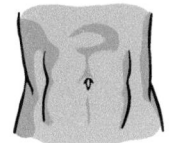

karın

panxa

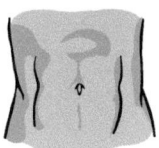

göbek

melic

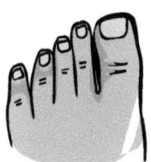

ayak parmağı

dit gros del peu

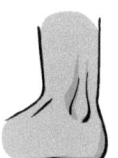

topuk

taló

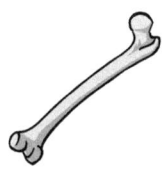

kemik

os

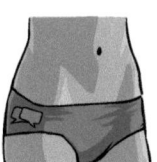

kalça

maluc

diz

genoll

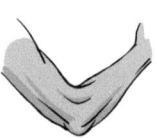

dirsek

colze

burun

nas

kalça

cul

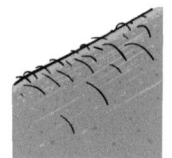

deri

pell

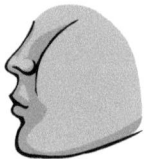

yanak

galta

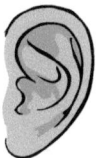

kulak

orella

dudak

llavi

ağız
boca

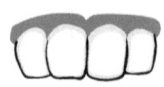

diş
dent

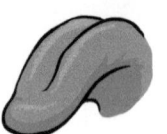

dil
llengua

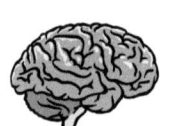

beyin
cervell

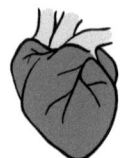

kalp
cor

kas
múscul

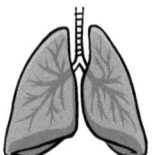

akciğer
pulmó

karaciğer
fetge

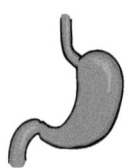

mide
estómac

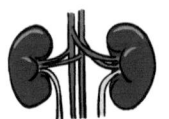

böbrekler
ronyó

seks
relació sexual

prezervatif
preservatiu

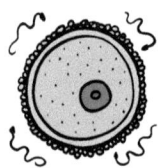

yumurtalık
ovari

sperm
semen

hamilelik
prenyat

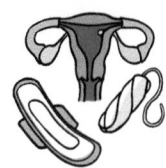

regl
....
menstruació

vajina
....
vagina

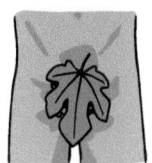

penis
....
penis

kaş
....
cella

saç
....
cabells

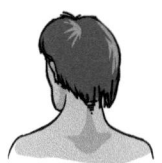

boyun
....
coll

hastane
hospital

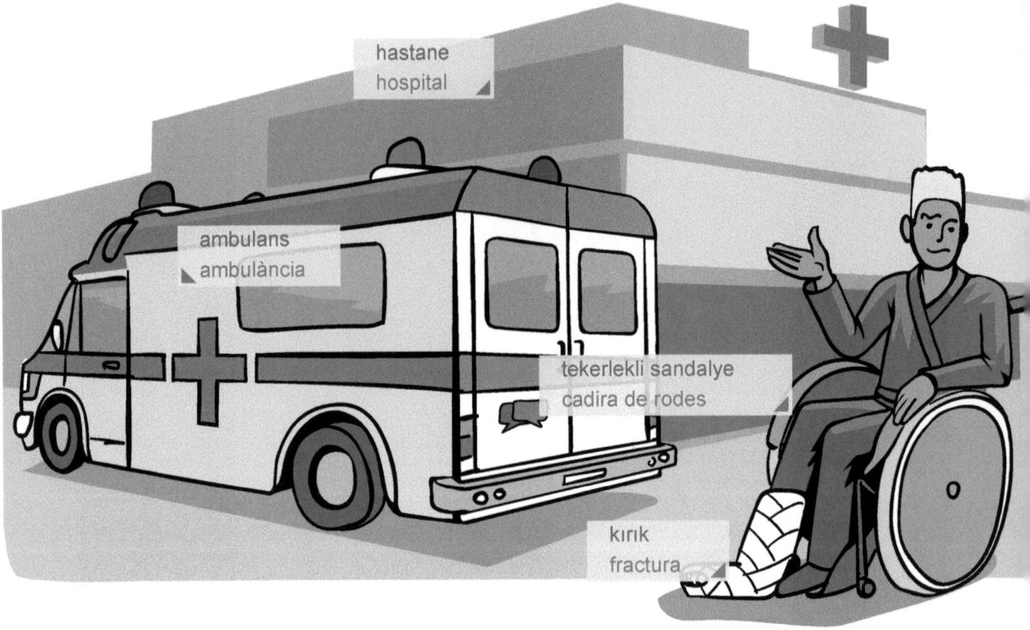

hastane
hospital
ambulans
ambulància
tekerlekli sandalye
cadira de rodes
kırık
fractura

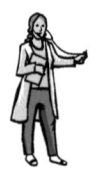

doktor

doctora

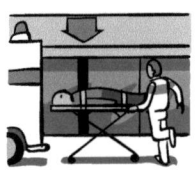

acil servis

sala d'urgències

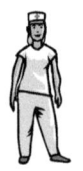

hemşire

infermera

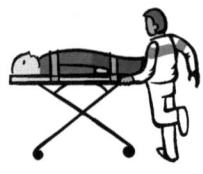

acil

urgència

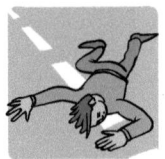

baygın

inconscient

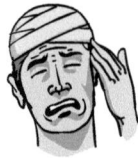

acı

dolor

yaralanma

ferida

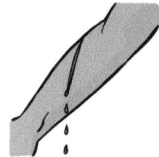

kanama

sagnament

kalp krizi

atac de cor

felç

apoplexia

alerji

al·lèrgia

öksürük

tos

ateş

febre

grip

gripa

ishal

diarrea

baş ağrısı

mal de cap

kanser

càncer

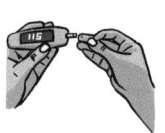

şeker hastalığı

diabetis

cerrah

cirurgià

neşter

escalpel

operasyon

operació

bilgisayarlı tomografi

tomografia computada (TC), TAC

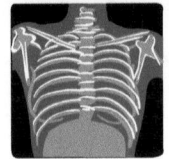

röntgen

raigs x

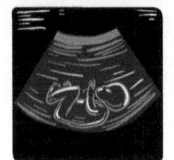

ultrason

ultrasò

yüz maskesi

mascareta

hastalık

malaltia

bekleme odası

sala d'espera

koltuk değneği

crossa

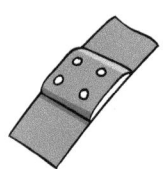

yara bandı

tireta

bandaj

embenat

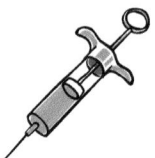

enjeksiyon

injecció

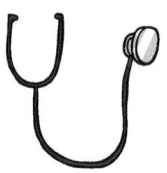

steteskop

estetoscopi

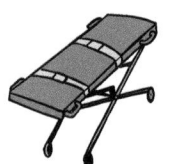

sedye

llitera

tıbbi termometre

termòmetre clínic

doğum

pariment

fazla kilo

sobrepès

işitme cihazı

aparell auditiu

dezenfektan

desinfectant

enfeksiyon

infecció

virüs

virus

HIV / AIDS

VIH / SIDA

ilaç

medicina

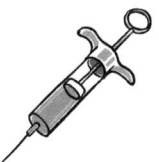

aşı

vaccí

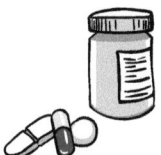

tablet

comprimits

hap

píl·lola

acil çağrı

trucada d'urgència

tansiyon aleti

tensiòmetre

hasta / sağlıklı

malalt / sà

İmdat!

Socors!

alarm

alarma

darp

assalt

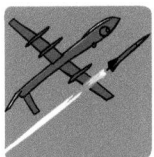

saldırı

atac

tehlike

perill

acil çıkış

sortida-eixida d'urgència

Yangın!

Foc!

yangın tüpü

extintor

kaza

accident

ilk yardım çantası

farmaciola de primers
auxilis

imdat

SOS

polis

policia

Avrupa

Europa

Kuzey Amerika

Amèrica del Nord

Güney amerika

Amèrica del Sud

Afrika

Àfrica

Asya

Àsia

Avustralya

Austràlia

Atlantik

Atlàntic

Pasifik

Pacífic

Hint Okyanusu

Oceà Índic

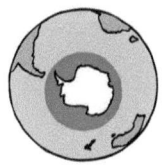

Antarktika Okyanusu

Oceà Antàrtic

Arktik Okyanusu

Oceà Àrtic

Kuzey Kutbu

pol nord

Güney Kutbu

pol sud

Antarktika

Antàrtida

dünya

terra

kara

país

deniz

mar

ada

illa

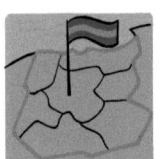

ulus

nació

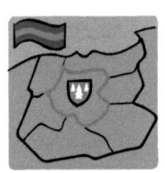

ülke

estat

kadran

quadrant

akrep

agulla de les hores

yelkovan

agulla dels minuts

saniye ibresi

agulla dels segons

Saat kaç?

Quina hora és?

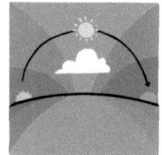

gün

dia

zaman

temps

şimdi

ara

dijital saat

rellotge digital

dakika

minut

saat

hora

hafta

setmana

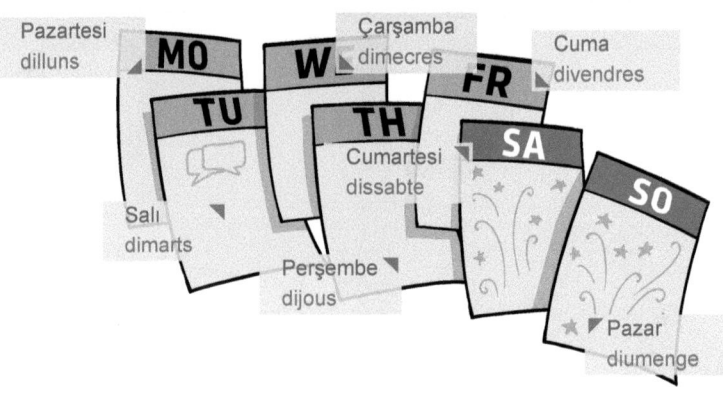

Pazartesi
dilluns

Çarşamba
dimecres

Cuma
divendres

Salı
dimarts

Cumartesi
dissabte

Perşembe
dijous

Pazar
diumenge

dün
....
ahir

bugün
....
avui

yarın
....
demà

sabah
....
matí

öğle
....
migdia

akşam
....
tarda

MO	TU	WE	TH	FR	SA	SU
1	2	3	4	5	6	7
8	9	10	11	12	13	14
15	16	17	18	19	20	21
22	23	24	25	26	27	28
29	30	31	1	2	3	4

iş günleri
....
dia feiner

MO	TU	WE	TH	FR	SA	SU
1	2	3	4	5	6	7
8	9	10	11	12	13	14
15	16	17	18	19	20	21
22	23	24	25	26	27	28
29	30	31	1	2	3	4

hafta sonu
....
cap de setmana

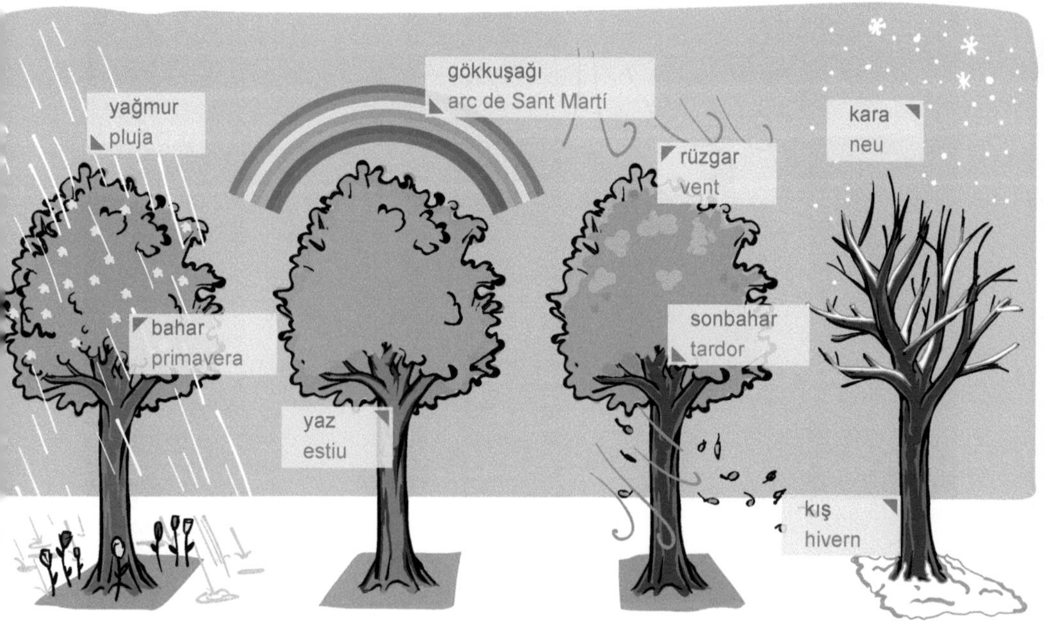

yağmur
pluja
gökkuşağı
arc de Sant Martí
rüzgar
vent
kara
neu
bahar
primavera
yaz
estiu
sonbahar
tardor
kış
hivern

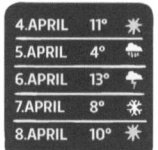

4.APRIL 11°
5.APRIL 4°
6.APRIL 13°
7.APRIL 8°
8.APRIL 10°

hava durumu tahmini
pronòstic del temps

F C
120 90 60 30 0 -30
40 30 20 10 0 -10 -20

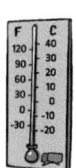

termometre
termòmetre

güneş ışığı
llum del sol

bulut
núvol

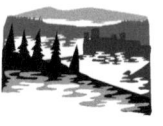

sis
boira

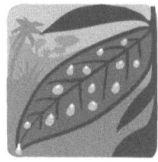

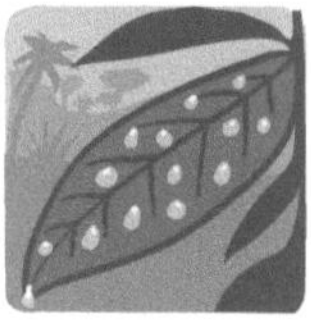

nem
humiditat de l'aire

şimşek

llamp

gök gürültüsü

tro

fırtına

tempesta

dolu

calamarsa

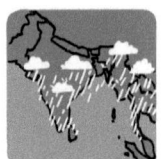

muson

monsó

sel

inundació

buz

gel

Ocak

gener

Şubat

febrer

Mart

març

Nisan

abril

Mayıs

maig

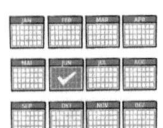

Haziran

juny

Temmuz

juliol

Ağustos

agost

yıl - any

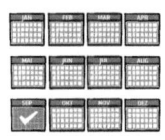

Eylül
....
setembre

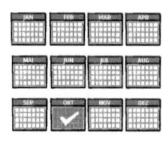

Ekim
....
octubre

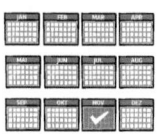

Kasım
....
novembre

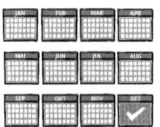

Aralık
....
desembre

şekiller
formes

daire
....
cercle

kare
....
quadrat

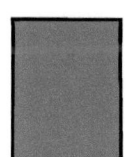

dikdörtgen
....
rectangle

üçgen
....
triangle

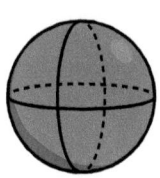

küre
....
esfera

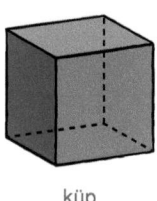

küp
....
cub

beyaz

blanc

sarı

groc

turuncu

taronja

pembe

rosa

kırmızı

vermell

mor

lila

mavi

blau

yeşil

verd

kahverengi

marró

gri

gris

siyah

negre

çok / az

molt / poc

kızgın / sakin

emprenyat / tranquil

güzel / çirkin

bonic / lleig

başlangıç / son

començament / fi

büyük / küçük

gran / petit

parlak / karanlık

clar / fosc

erkek kardeş / kız kardeş

germà / germana

temiz / kirli

net / brut

tamam / eksik

complet / incomplet

gün / gece

dia / nit

ölü / canlı

mort / viu

geniş / dar

ample / estret

yenilebilir / yenilemez

comestible / immenjable

kötü / iyi

dolent / amable

heyecanlı / sıkılmış

entusiasmat / entediat

şişman / zayıf

gros / prim

ilk / son

primer / darrer

dost / düşman

amic / enemic

dolu / boş

ple / buit

sert / yumuşak

dur / tou

ağır / hafif

pesant / lleuger

açlık / susuzluk

gana / set

hasta / sağlıklı

malalt / sà

yasa dışı / yasal

il·legal / legal

zeki / aptal

intel·ligent / ximple

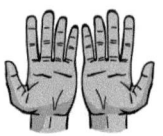

sol / sağ

esquerra / dreta

yakın / uzak

prop / llunyà

yeni / kullanılmış

nou / usat

hiçbir şey / bir şey

res / quelcom

yaşlı / genç

vell / jove

açma / kapama

encès / apagat

açık / kapalı

obert / tancat

sessiz / gürültülü

silenciós / sorollós

zengin / fakir

ric / pobre

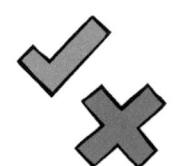

doğru / yanlış

correcte / incorrecte

pürüzlü / düz

aspre / suau

üzgün / mutlu

trist / content

kısa / uzun

curt / llarg

yavaş / hızlı

lent / ràpid

ıslak / kuru

humit / sec - eixut

sıcak / serin

calent / fred

savaş / barış

guerra / pau

zıt anlamlılar - oposats

nombres

0	1	2
sıfır	bir	iki
zero	u	dos

3	4	5
üç	dört	beş
tres	quatre	cinc

6	7	8
altı	yedi	sekiz
sis	set	vuit

9	10	11
dokuz	on	on bir
nou	deu	onze

12
on iki
dotze

13
on üç
tretze

14
on dört
catorze

15
on beş
quinze

16
on altı
setze

17
on yedi
disset

18
on sekiz
divuit

19
on dokuz
dinou

20
yirmi
vint

100
yüz
cent

1.000
bin
mil

1.000.000
milyon
milió

İngilizce

anglès

Amerikan İngilizcesi

anglès americà

Çince (Mandarin)

xinès mandarí

Hintçe

hindi

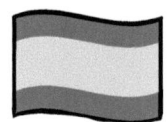

İspanyolca

espanyol

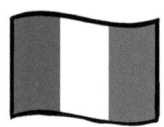

Fransızca

francès

Arapça

àrab

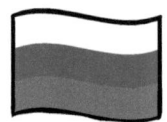

Rusça

rus

Portekizce

portuguès

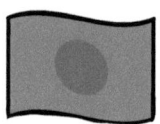

Bengalce

bengalí

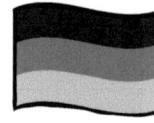

Almanca

alemany

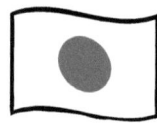

Japonca

japonès

ben
jo

sen
tu

o
ell / ella / allò

biz
nosaltres

siz
vosaltres

onlar
ells

kim?
qui?

ne?
què?

nasıl?
com?

nerede?
on?

ne zaman?
quan?

isim
nom

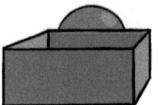

arkasında

darrere

içinde

en

önünde

davant de

üzerinde

damunt

üstünde

sobre

altında

sota

yanında

al costat

arasında

entre

yer

lloc